Apóstolo Samuel Cameroun

COMO HOMENS JÁ TOMAR O “666”

Apóstolo Samuel Cameroun

COMO HOMENS JÁ TOMAR O “666”

SINAL DO ANIMAL NA MÃO?

CREDO EDICIONES

Imprint

Cover image: www.ingimage.com

Publisher:
CREDO EDICIONES
ist ein Imprint der / is a trademark of
Dodo Books Indian Ocean Ltd., member of the OmniScriptum S.R.L Publishing group
str. A.Russo 15, of. 61, Chisinau-2068, Republic of Moldova Europe
Printed at: see last page
ISBN: 978-613-5-40074-8

Sétimo Estudo Bíblico/ 27

COMO HOMENS JÁ TOMAR O "666" SINAL DO ANIMAL NA MÃO?

PROLOGUE ON...

Coleção da série cristã:
'' AQUELE QUE CAMA DE FAZER AVISO! ''
(Mateus 24:15)

Durante nossa caminhada espiritual, abordaremos os fundamentos da sã doutrina cristã, que é a coluna e o suporte da verdade. De acordo com o apóstolo Paulo encorajando seu fiel companheiro em *1 Timóteo 3: 14-15,* ele escreveu a ele: '' *Eu te escrevo estas coisas, na esperança de voltar em breve, mas para que você saiba, se eu demorar, como devemos nos conduzir na casa de Deus, que é a Igreja do Deus vivo, coluna e sustentáculo da verdade ''.* Seguindo o apóstolo Paulo, os estudos desta série, ao longo, vão acoplar os temas da doutrina bíblica aos da profecia, porque Jesus Cristo exortando fraternalmente a Igreja que é `` Membro de seu Corpo está sempre presente ao lado de sua família. Para isso, os ensinamentos da presente coleção serão baseados principalmente nos livros conjuntos do *Apocalipse* (*Apocalipse*), justapostos ao de *Daniel,* para confirmar esta boa nova da mensagem do evangelho. Já que, no final dos séculos, a doutrina evangélica, os dez mandamentos de Moisés e a profecia foram preciosamente recomendados aos cristãos genuínos, para servir de bússola nas trevas das trevas do mal. Isso se deve ao espírito de perplexidade que levou à apostasia doutrinária, agora muito popular, entre todas aquelas comunidades de cristãos que afirmam que a Bíblia chama de " *Babilônia, a Grande Mãe dos Proibidos!* " » *Apocalipse 17: 5.*

Além disso, devemos buscar a Deus com todas as nossas forças, nós que somos a geração no final da história deste mundo destinada à sua ruína iminente e eterna! Foi somente Jesus quem determinou as condições de sua salvação para qualquer um que sinceramente deseja escapar saindo deste mundo ímpio. Pois ele declara solenemente: " *ninguém pode vir a ele se o Pai não o trouxer...* " No entanto, uma vez vindo ao Senhor, saibamos também que Jesus acrescenta: " *ninguém pode vir a Deus sem passar por ele (Jesus)* ". Finalmente, qual é o objetivo da nossa caminhada cristã? E o que é a Igreja de Cristo? Pode ser uma organização denominacional? - As Assembléias Cristãs têm que depender de alguma agência governamental para provar que são a Igreja de Cristo?

Enquanto os verdadeiros cristãos estão se preparando para enfrentar a pior perseguição da história sagrada, pelo " **666** " que em breve condicionará todo homem, - Devem nossas finanças, como os dízimos, ser comprometidas para ganhar o céu? - Cristo ainda está presente nessas denominações chamadas Igrejas? - Quem deve ser o cabeça da Igreja de Cristo? - Como as comunidades cristãs estão sendo construídas atualmente sob o único pastor, Jesus Cristo? - A Igreja de Cristo tem líderes visíveis? - Esta Igreja de Cristo pode manter a corrupção? Isso pode comprometer nossa salvação por algumas doutrinas antibíblicas? Que igreja hoje está perfeitamente de acordo com a santa vontade de Cristo revelada na Bíblia?

Por todas essas perguntas e tantas outras que certamente esquecemos, a coleção `` *Que quem lê, preste atenção* '', oferece exclusivamente respostas bíblicas simples e bastante completas de acordo com cada tema abordado. As respostas a estas perguntas acima no enunciado, digamos assim, só serão dadas aos corações humildes, por isso esta série cristã *"Cuide-se ao que lê ",* é uma série de mensagens vivas. Eles foram elaborados com as necessidades espirituais de nossa geração em mente, especialmente as profecias de que a Bíblia, por meio de revelação e ensino doutrinário de Cristo, os apóstolos e profetas da antiguidade, nos convida a escrutinar dia e noite incansavelmente. numa vida de oração, a sua realização, para nos dar a força para nos apresentarmos perante o Filho de Deus no último dia. Aqui está a promessa de Cristo à sua Igreja: " *Ao que vencer e* cumprir as *minhas obras até o fim, darei autoridade sobre as nações.* » *Apocalipse 2:26*

NB: Salvo indicação em contrário, as referências bíblicas citadas nos estudos são retiradas da versão das sagradas escrituras (Louis Second). E para cada tópico, você pode consultar o resumo nas páginas **34** e **36.** Pela indicação ordinal (pergunta-resposta), qualquer reação particular, poderá suscitar um apoio bíblico e/ ou comunitário personalizado, por menor que seja, quer você se manifeste em nosso site, por telefone WhatsApp ou em nosso endereço de e-mail marcado ao final de cada página.

A Igreja apresenta assim a vocês uma série de *" 27 estudos bíblicos ",* complementando tantas mensagens de vídeo e áudio em uma versão eletrônica que pode ser baixada do site *www Christians-Église.org.* Tudo isso por igual número de livrinhos, a serem oferecidos progressivamente, conforme o

Senhor Javé Deus provê com misericórdia e graça em Jesus Cristo!

Toda esta coleção é oferecida gratuitamente, a fim de respeitar o espírito de Cristo que nos recomendou doá-la, pois a recebemos gratuitamente:

ENTÃO NÃO PODE NINGUÉM VENDER ESTA PALAVRA DE DEUS!

Mas primeiro, convidamos você a receber a carta do Autor escrita para seus leitores. Esta carta pode servir como um roteiro e um guia educacional. No entanto, nunca é cristão acreditar que nosso Senhor agirá de forma idêntica em todos os casos, durante o seu crescimento espiritual, ou no ministério pastoral da evangelização através de você. É por isso que, mais uma vez, o convidamos a ficar atento à sua voz espiritual, através do canal infalível que representa para todos, a leitura assídua de sua palavra, a Bíblia.

CARTA DE ENCORAJAMENTO DO AUTOR, PARA VOCÊ!

Irmãos e irmãs, que a paz de Deus, que ultrapassa todo o entendimento, guarde seus pensamentos em Jesus Cristo! "

Acolhe, tomando com a Igreja, o caminho estreito e estreito que conduz na eternidade, e do qual só O Filho de Deus é o seu Guia e o Pastor Soberano...

Em primeiro lugar, aconselharemos você durante seu estudo da Bíblia a ser crítico quanto ao significado das doutrinas às quais essas letras sagradas abordarão. Nisto, você estará seguindo as recomendações dos apóstolos de acordo com Atos 17:11. " *Esses judeus tinham sentimentos mais nobres do que os de Tessalônica; eles receberam a palavra com grande entusiasmo e examinaram as Escrituras todos os dias para ver se o que estava sendo dito a eles era correto.* "

Conforme você cresce como cristão, leia sua Bíblia regularmente. Ouça o Espírito

Santo. Compartilhe essa riqueza com outras pessoas. Seja generoso, especialmente com as pessoas ao seu redor. Saiba como encorajar iniciativas de estudo da comunidade. Teste aqueles que por um espírito de crítica vã, irão acusá-lo de um sectário. Lute sem se distrair com os inimigos de suas almas. Simplifique sua vida cristã. Ajude os pobres em sua vizinhança, começando pelos membros de sua família. Envolva-se em campanhas de evangelismo público. Explore todos os nichos de comunicação e divulgue as boas novas como semeadores de Vida!

Não ignore ninguém em suas orações. Invoque o favor do Senhor Deus sobre aqueles que te ouvem, mas também sobre aqueles que irão resistir a você. " Não tenha inimigos... viva em paz com todos... e esteja em perfeita harmonia... ", com toda a Igreja local de Cristo no país, cidade ou distrito de sua residência.

Irmãos e irmãs, " fujam do pecado " e " sejam santos " porque " nosso Deus é santo. " E em gratidão a Deus por ter te salvado e enviado ", cante para Ele constantemente e canções espirituais sob a inspiração de Seu Espírito. "

Como você " recebeu de graça ", por favor, não quebre esta cadeia de solidariedade! Com os novos discípulos, comece apresentando o evangelho e, a seguir, aborde os temas doutrinários com base em seu público e nas necessidades espirituais. Você poderá escolher os temas que mais lhe agradam, obedecendo à voz do Espírito Santo. E como o " eunuco etíope " saiba que Cristo se juntará a eles na estrada quando você se der ao trabalho de ensiná-lo a eles, especialmente aos jovens. Dai-vos aos vossos Irmãos cristãos « como oferta a Deus », porque « a colheita é grande, mas os trabalhadores são poucos. " Além disso, lembre-se da promessa de Cristo na parábola dos " obreiros da última hora "

Assim, " nossa alegria será perfeita " em saber que vocês estão a caminho da pátria celestial, sendo filhos de Deus e servos de Cristo, se vocês aprenderam que " não há maior amor do que dar a vida por aqueles que nós amor ". Assim como " há mais alegria em dar do que em receber "

Finalmente, ser feliz, enquanto espera para o nosso Salvador Jesus, que " vai se esqueça de sua participação na propagação do evangelho ea mensagem da verdade ". Não tenha medo, mas do próprio Deus. E depois, muito rapidamente, conte-nos sobre o seu testemunho: dons que o Espírito Santo terá concedido a você, com vistas ao aperfeiçoamento do corpo de Cristo. " Seja abençoado em todos os sentidos! "

Por isso, " **AMADO** *", receba como presente do Senhor Jesus estes estudos bíblicos, transmitidos pelo ministério de evangelização da sua Igreja nos Camarões, pelo seu devoto servo e modesto irmão africano, que deseja recordar que Yahwéh Dieu, através seu Filho Jesus Cristo, te ama com Amor Eterno. Acredite também em nosso devotado afeto fraterno, mediante a entrada do Espírito Santo. Amém!*

NB: *No final do estudo bíblico, na (* **Página 38** *) deste título, você encontrará os diferentes temas propostos na coleção de estudos bíblicos "Cuidado ao que lê". Lembramos aos leitores que esta série de estudos bíblicos cristãos está disponível gratuitamente para sua edificação em www.chrétiens-Église.org*

SAMUEL CAMEROUN, Apóstolo do Senhor JESUS CRISTO.
camerounsamuel@gmail.com *Tel + 237 690600469 ou + 237 679647767*

Texto meditativo para ler

Ezequiel 20: 9-16,19-21

" Santifica os meus sábados e deixa-os ficar entre Eu e você um sinal "

Não obstante, fiz o que fiz por causa do meu nome, não está contaminado diante das nações entre as quais eles estavam, a cujos olhos eu me dei a conhecer a eles, para tirá-los do país 'Egito. E eu os tirei da terra do Egito, e os trouxe para o deserto. Dei-lhes Minhas leis e tornei-lhes conhecidas Minhas ordenanças, que o homem deve colocar em prática para viver de acordo com elas. Também lhes dei meus sábados como um sinal entre mim e eles, para que soubessem que eu sou o Senhor que os santifica. E a casa de Israel se rebelou contra mim no deserto. Eles não seguiram minhas leis e rejeitaram minhas ordenanças, que um homem deve fazer, a fim de viver por elas, e eles profanaram meus sábados excessivamente. Tive a ideia de derramar minha fúria sobre eles no deserto, para aniquilá-los. (...) No deserto, levantei a mão na direção deles, para não levá-los à terra que lhes havia destinado, uma terra que mana leite e mel, a mais bela de todas as terras, e isso porque rejeitaram a minha ordenanças, e não seguiram minhas leis, e porque eles profanaram meus sábados, pois o coração deles não se apartou de seus ídolos. (...) Eu sou o Senhor vosso Deus. Siga meus preceitos, cumpra minhas ordenanças e cumpra-as. Santifica os meus sábados, e seja um sinal entre mim e vós, pelo qual se saiba que eu sou o Senhor vosso Deus. E os filhos se rebelaram contra mim. Eles não seguiram meus preceitos, eles não observaram ou fizeram minhas ordenanças, que um homem deve fazer, a fim de viver por elas, e eles profanaram meus sábados. Tive a ideia de derramar minha fúria sobre eles, de exaurir minha raiva contra eles no deserto."

INTRODUÇÃO

Você está surpreso ao saber que Deus tem um sinal especial, uma marca naquele local em seus servos?

Você ficaria surpreso em saber que se uma pessoa não usar essa marca quando Jesus voltar, ela não poderá entrar no reino de Deus?

Você ficaria chocado em saber que a maioria das pessoas não tem conhecimento da existência de um selo e, portanto, não se importa?

Você ficaria surpreso ao descobrir que um dos principais propósitos do Apocalipse é identificar o selo de Deus e restaurá- lo?

Por mais inacreditável que pareça, as afirmações acima são verdadeiras. Poucas coisas são mais importantes para Deus do que seu selo. Ai, quando Deus olha para seus filhos, agora ele deve olhar com tristeza, notando que " *o selo não acerta* " a maioria deles porque eles já teriam levado o da Besta " *666* ".

É muito importante para prosseguir até mesmo por eliminação, no fim de exercer uma bastante informado julgame nto no som doutrina de que esta série de estudos bíblicos propõe a trazer para você em nome de Cristo! Saiba que, para uma questão com maiúscula como 666, a urgência de evitar esta marca logo indelével, dependerá antes de tudo de nosso uso apropriado das Sagradas Escrituras, A Bíblia. E nsuite do seu entendimento ativo p ara isso é aquele " 666 ' '. O sucesso dependerá unicamente de sua capacidade de eliminar os preconceitos sobre uma doutrina sendo ensinada por um nome diferente daquele ao qual você sempre pertenceu. Neste momento não é tanto falso ensino s the Devil circulou no " 666 ' ', em detrimento do som doutrina, naturalmente. Este estado de coisas pode levar algumas pessoas a rejeitar sistematicamente a Bíblia da Verdade, o mesmo risco de rejeitar o próprio Deus - até! Mas ensinamento sobre

" COMO AS PESSOAS JÁ tomado a 666 NA MÃO " f ut ele entregue em sua comunidade através do seu s usual, que e essas pessoas imediatamente ligado. Mas esta probabilidade é muito pequena: *Mateus 9: 16-17 " Ninguém põe remendo novo em vestido velho; porque ela tiraria parte do vestido, e o rasgo ficaria pior. Não se deita vinho novo em odres velhos; do contrário, as películas se quebram, o vinho se derrama e as películas se perdem; mas o vinho novo é posto em odres novos, e o vinho e os odres são guardados. »,* Disse Cristo. Então n e fez não err eur negar a verdade para o único fato de que ele é compartilhado com uma ou mais igrejas aur você ter desapontado, ou que não vem de uma adesão de sua comunidade. Por uma razão ou outra, fazer não fechar a porta do seu coração para Jesus, a Verdade não pertence a uma obediência, ainda menos a uma comunidade, especialmente não a um homem ou a um ser humano sistema. A verdade vai além de qualquer consideração humana. Portanto, não pode ser prerrogativa de um círculo; seja o que for! *João 21:25 "Há muitas outras coisas que Jesus fez; se os escrevermos em detalhes, não acho que o próprio mundo poderia conter os livros que escreveríamos. "* Na realidade, o tem Verdade é, e sempre existiu em como essa pessoa. Jesus declara em The Holy Bible: *João 14: 6 " Eu sou o caminho, ea verdade, ea vida. Ninguém vem ao Pai senão por eu. "*

Ore muito ao estudar essa doutrina verdadeira e vital para sua salvação indispensável. Fortemente que o Espírito Santo abra os ouvidos do seu entendimento, para
despertar uma Fé Verdadeira que deve per manecer apesar do desgaste e da passagem do tempo...

O SÍMBOLO DE UMA APOSTASIA ESPIRITUAL

1. Deus diz que apenas parte do mundo será afetada por esta apostasia? Apocalipse 14: 8

" E outro, um segundo anjo seguiu, dizendo: Ela caiu, ela caiu, a grande Babilônia, que fez todas as nações beberem do vinho do furor de sua fornicação! "

2. Qual é a ordem de Deus a respeito da Babilônia? Apocalipse 18: 4

" E ouvi outra voz do céu, que dizia: Sai do meio dela, povo meu, para que não tenhas parte nos seus pecados e não participes nas suas pragas. "

Nota: A ordem é para o povo de Deus. Muitos ainda estão na Babilônia. Com amor, Deus os chama para saírem antes que as condenações o alcancem.

3. Quais são as razões pelas quais Deus deseja que Seu povo saia de Babilônia? *Apocalipse 18: 1-3*

a. " Uma casa de ... ... "
b. " Um reduto de tudo ... . "
c. " As nações bebem seu ..... "
d. " Ela se entregou ... ... com os reis da terra. "
e. " Não participe do seu ... ... "
f. " Não participar em ... . "
g. " Seus pecados chegaram a....... "
h. *" D D'us se lembrou dela........... "*

Nota: É óbvio que a justiça divina é decidida no julgamento de Babilônia: sobre a questão de suas ações perversas, veja satânico. Então, sobre isso, ele vai cuidar dela. Seja o que for, é melhor que o povo de Deus saia do meio dela.

CHAMADA DE CÁLCULO PARA IDENTIFICAR A MARCA DA BESTA: A 666

(Ver lição N ° 4 `'O GRANDE SINAL DA BESTA, O (666) REVELADO. "

4. O que uma besta representa na Bíblia? *Daniel 7:23*

" Ele me falou assim: O quarto animal é um quarto reino que existirá na terra, diferente de todos os reinos, e que irá devorar toda a terra, pisá-la e quebrá-la. "

Nota: Na profecia, as bestas representam reinos, governos ou poderes terrenos.

5. Esta besta vem do mar. O que é o mar?

Apocalipse 13: 1; 17: 15

" E ele estava na areia do mar. Então vi subir do mar uma besta que tinha dez chifres e sete cabeças, e nos chifres dez diademas, e nas cabeças nomes de blasfêmia. "

Nota: Na profecia, as águas representam os habitantes da terra.

6. Quais são os doze pontos para identificar a Besta?

1. Ela recebe seu poder, assento e autoridade do Dragão
2. Torna- se uma potência mundial
3. Ela aparece após a queda da Roma Imperial (*Daniel 7:24*)
4. Ela governou por 42 meses proféticos ou 1260 anos
5. Ela é culpada de blasfêmia
6. Ela recebe uma ferida fatal da qual está curada
7. Ela recebe adoração, da qual ela é um poder religioso
8. Ela persegue os santos de Deus
9. Tem um número místico " 666 "
10. Ela se ergue do Abismo e vai para sua perdição

11. Ela recebe reinado por uma hora com a Besta

12. Estabelece oito reis, o oitavo dos quais atualmente reina por um período de uma hora com dez reis

Nota: Um único poder cumpre todas as suas características. A história prova que o chefe da Igreja Católica recebeu seu poder, assento e autoridade da Roma pagã; que ela foi uma potência mundial por 1260 anos (538-1798), durante os quais ela matou um grande número de cristãos que se recusaram a adorá-la; ela levantou pretensões blasfemas s, reivindicando o direito de perdoar os pecados, e que o bispo de Roma é " *Deus na terra.* "

7. Por que Deus nos pede para conhecer o sinal da Besta? Apocalipse 13: 15-18

" *E foi dado a ele para animar a imagem da besta, para que a imagem da besta falasse, e fizesse que todos os que não adorassem a imagem da besta fossem mortos. E ela fez isso todos, pequenos e grandes, ricos e pobres, livres e escravos, recebam uma marca na mão direita ou na testa, e que ninguém poderia comprar ou vender, sem ter a marca, o nome da besta, ou o número do seu nome. Aqui está sabedoria. Aquele que tem inteligência calcule o número da besta. Pois é o número de um homem, e seu número é seiscentos e sessenta e seis.* "

Nota: O Apocalipse usa o antigo costume de atribuir um valor numérico aos nomes e títulos, identificando-os assim. O título mais importante do Bispo de Roma é " Vigário do Filho de Deus ", *em latim* " VICARIUS FILII DEI ". *O valor numérico deste título é exatamente* " *666* "

PRIMEIRA INTERPRETAÇÃO DO SINAL DA BESTA *" 666 "*

Letras	Correspondência
V	5
eu	1
VS	100
NO	0
R	0
eu	1
você	5
S	O
SUB TOTAL 1	**112**

F	0
eu	1
eu	50
eu	1
eu	1
SUBTOTAL 2	**53**

D	500
E	O
eu	1
SUBTOTAL 3	501
ADIÇÃO	112 + 53 + 501 =
Total de g eral do Chefe do título da <u>Igreja Católica Romana</u> VICARIUS FILII DEI	
666	

SEGUNDA INTERPRETAÇÃO DO SINAL DA BESTA O *" 666 "*

Nota: E também um segundo nome que ainda caracteriza o chefe da Igreja Católica de `` **DUX CLERI ' ',** que significa `` **Luz do Mundo "** e, portanto, ele **nega** ser o fiador, já que a Bíblia declara que 'ele blasfemaria o santuário de Deus, a ponto de se proclamar o próprio Deus. Para este propósito, aqui está o significado de **DUX CLERI = LUMIERE DU MONDE.**

Nota: Vamos calcular o significado deste nome em algarismo romano - que é lembrado - uma escrita de origem romana como seu nome sugere:

Letras	**Correspondência**
D	**500**
você	**5**
X	**10**

Subtotal 1	515
VS	100
eu	50
E	0
R	0
eu	1
Subtotal 2	151
ADIÇÃO	515 + 151 =
Total de g eral título Chef da Igreja Catholiqu e Romaine DUX CLERI	
" 666 "	

8. Quem dá este aviso? Apocalipse 3:19

Jesus disse: " *Eu repreendo e castigo todos aqueles que amo. Portanto, seja zeloso e arrependa-se.* "

Nota: Esta é uma mensagem de amor de Jesus. Existem filhos de Deus em todas as comunidades do mundo. Se eles se converterem e concordarem em entrar na única Igreja que Cristo Jesus deixou para trás. Vamos nos dar bem! Somente aquelas almas que se convertem a Cristo podem ser salvas da ira de Deus por vir! A palavra de Deus não é negociada para o seu público, mas é ditada a todos. Seja você quem for, o plano de Deus é para você. Jesus não veio para condenar o mundo; mas para salvá-lo. Mas ele só o tem com a liberdade de quem chama com sua doce voz de amor, e não como antes.

9. Por que Deus pede aos anjos que contenham os ventos da destruição final? Apocalipse 7: 1-3

" *Depois disso, vi quatro anjos parados nos quatro cantos da terra; eles detiveram os quatro ventos da terra, de modo que nenhum vento soprasse na terra, ou no mar, ou em qualquer árvore. E vi outro anjo, subindo ao lado do sol nascente, e segurando o selo do Deus vivo; ele clamou em alta voz aos quatro anjos, a quem foi dado fazer mal à terra e ao mar, e disse: Não façais mal à terra, nem ao mar, nem às árvores, até que tenhamos selado as testas dos servos do nosso Deus.* "

Nota: Deus retém a devastação da terra até que seu povo receba seu selo, que é a guarda de seus mandamentos, incluindo os três primeiros e o quarto a respeito do sábado. Em breve, todos na terra farão parte de um grupo ou de outro: o de Deus.

COMO LEMBRETE: COMO OS H OMENS JÁ TOMARAM 666 NA FRENTE.

10. É 666 anunciado nas epístolas? *1 par de jeans 2:18 - 20*

" Filhinhos, é a última hora, e como vocês ouviram que um anticristo está chegando, agora existem vários anticristos: por isso sabemos que é a última hora. Eles saíram de entre nós, mas eles não estavam entre nós; pois se eles não tivessem sido res, eles teriam permanecido com n e, mas isso aconteceu de modo que foi expresso que nem todos são de nós. Para você, você recebeu a unção daquele que é santo, e todos vocês têm conhecimento. "

Nota: Pela primeira vez é anunciado na Bíblia em 666 pelo apóstolo João, como um precursor da profecia do fim dos tempos, já encontramos na epístola fatos sérios sobre o assunto! Além disso, devemos lembrar que no Evangelho de João Deus não deu a João para falar dos eventos do fim dos tempos. Certamente para fazer isso em um livro inteiro, o do Apocalipse.

COMO É O SINAL DE RECONHECIMENTO DOUTRINAL DE " 666 " INDICADO NA MÃO

11. Qual é então o sinal da besta marcada e na mão?

VAMOS ESCUTAR O QUE O VATICANO DIZ SOBRE SI MESMO:

Nota: A seguinte citação é de " **Registro Católico de Londres, Ontário, Canadá** ", de 1 de setembro de 1923: "*O domingo é nossa marca de autoridade... A igreja está acima da Bíblia e esta transferência da 'guarda do sábado é prova disso '.*

12. Existe alguma outra evidência desta mudança?

sim. No " **Catecismo do converso da doutrina**
católica ", por *PETER GEIERMANN,* na página " 50 ", lemos esta:

Pergunta: O que é o dia de sábado?_

Resposta: Sábado é o dia de sábado._

Pergunta: A que observamos o domingo em vez do sábado?

Resposta: Porque a Igreja mudou a solenidade do sábado para o domingo.

Nota: O chefe da Igreja Católica afirma ter mudado o dia do culto de sábado para domingo e que a observância deste último pelo mundo é um sinal de sua autoridade e poder. Resumimos dizendo que a marca do selo do poder de Deus é o sábado e sua guarda, enquanto a marca ou sinal do poder da Besta em assuntos religiosos é o domingo e sua guarda. Fontes católicas e romanas, numerosas demais para serem citadas aqui, testemunham essa mudança.

13. O chefe da Igreja Católica mudou o 4º mandamento? *Daniel 7:25*

" *Ele falará palavras contra o Altíssimo, oprimirá os santos do Altíssimo e terá esperança de mudar os tempos e a lei; e os santos serão entregues em suas mãos por um tempo, e um tempo e meio de um tempo.* "

Nota: A profecia de Daniel 7 é paralela à de Apocalipse 13. A mensagem é clara. O chefe da Igreja Católica esperava mudar o dia de adoração a Deus, mas o 4º mandamento é sempre uma exigência. Domingo não é um dia sagrado.

14. No tempo de Ezequiel, qual era a preocupação de Deus? *Ezequiel 22: 26*

" *Seus sacerdotes violam minha lei e profanam meus santuários, eles não distinguem o que é santo do que é profano, eles não fazem a diferença entre o que é impuro e o que é puro, eles desviam o olhar dos meus sábados, e eu sou profanado entre eles.* "

Nota: Isso ainda acontece hoje. Vários líderes da igreja dizem: " *Não há diferença entre o sábado e o domingo* ". *Mas, Deus* *sempre repete: " Vocês desprezam os meus santuários, profanam os meus sábados " (Ezequiel 22: 8)*

15. O que Deus diz sobre as tentativas de mudar sua lei? Deuteronômio 4: 2

" Você não acrescentará nada ao que eu lhe ordeno e não receberá nada disso; mas guardarás os mandamentos do Senhor teu Deus, como eu te mando. "

Nota: As igrejas populares ficam constrangidas porque, como vimos anteriormente, virtualmente todas as igrejas admitem em seus textos oficiais que não há mensagem nas escrituras a favor da santidade dominical.

COMO A MARCA É RECEBIDA NA MÃO

Êxodo 16: 23-29

" E Moisés lhes disse: Isto é o que o Senhor ordenou. Amanhã é o dia de descanso, o sábado consagrado ao Senhor; cozinhe o que tiver que cozinhar, ferva o que tem para ferver e reserve até de manhã tudo o que resta. Eles o deixaram até a manhã, como Moisés havia ordenado; e não se tornou podre, nem se instalou vermes. Moisés disse: Coma hoje, porque é sábado; hoje você não encontrará nenhum no campo. Por seis dias você irá coletá-lo; mas no sétimo dia, que é o sábado, não haverá nenhum. No sétimo dia, algumas pessoas saíram para recolhê-lo e não encontraram nada. Então o Senhor disse a Moisés: Por quanto tempo você se recusará a guardar meus mandamentos e minhas leis? Veja se o Senhor lhe deu o sábado; portanto, ele lhe dá comida por dois dias no sexto dia. Que cada um fique em seu lugar e ninguém saia de seu lugar no sétimo dia. E o povo descansou no sétimo dia. " Êxodo 20: 8 - 11 " Lembra-te do dia de descanso, para o santificar. Você trabalhará seis dias e fará todo o seu trabalho. Mas o sétimo dia é

o dia de descanso do Senhor teu Deus; não farás nenhum trabalho, nem tu, nem o teu filho, nem a tua filha, nem o teu servo, nem o teu, nem o teu gado, nem o estrangeiro que está à tua porta. Porque em seis dias o Senhor fez os céus e a terra, e o mar, e tudo o que neles há, e descansou no sétimo dia; por isso o Senhor abençoou o dia de descanso e o santificou. " Êxodo 16: 4-5 " *O Senhor disse a Moisés: Eis que eu farei chover para vós pão do céu. O povo sairá e colherá a quantidade necessária dia a dia, para que eu os experimente e veja se andam ou não de acordo com a minha lei. No sexto dia, quando preparar o que eles trouxeram, não será o dobro o que eles recolhem dia a dia.* "

Levítico 26: 34-37 " *Então a terra gozará dos seus sábados, enquanto estiver desolada e você estiver na terra dos seus inimigos; então a terra descansará e desfrutará de seus sábados. Enquanto ele estiver arrasado, ele terá o descanso que ele não teve em seus sábados enquanto você habitava nele. Farei com que os corações daqueles que sobrevivem, nos países de seus inimigos, fiquem tímidos; o som de uma folha agitada os perseguirá; eles fugirão como alguém foge da espada e cairão sem serem perseguidos. Eles cairão um sobre o outro como diante da espada, sem serem perseguidos. Você não existirá na presença de seus inimigos "*

O SELO DE DEUS PROTEJA:

16. Por que Deus está atrasando a destruição final? *Apocalipse 7:13*

" Não toque na terra... até que tenhamos .... do selo .... em... .... de .... Do nosso Deus ".

Nota: Deus não permitirá que os ventos da guerra final soprem e tragam destruição à terra até que Seu povo receba Sua marca. Os ventos, em profecia, representam guerra, destruição, sangue derramado; *Jeremias 25: 31-3, 49: 36-37:*

17. Até quando deve ir a proclamação da mensagem divina sobre seu selo?

Apocalipse 14: 6

" .... Para todos ...., Até logo......... para todos ...., para todos .... "

Nota: Veremos que o selo de Deus é uma parte importante da mensagem dos três anjos de *Apocalipse " 14 "*. Será proclamado por toda a terra. E com grande poder, pouco antes de Jesus voltar. Lembre-se que *" selo ", " marca " e " sinal "*, são muitas vezes sinónimo na Bíblia; *Romanos 4:11; Ezequiel 9: 4; Apocalipse 7: 2-3*

18. Como a escrita usa simbolicamente o selo?

Romanos 4:11; Ezequiel 9: 4; Apocalipse 7: 2-3

" Como .... da justiça obtida pela fé.............. ". Não entristece o santo ....;; através do qual você foi .... "

Nota: Um selo pode validar uma verdade ou requisito divino. Também indica propriedade ou aprovação de Deus.

O SELO DE UM GOVERNO

19. Um selo deve conter três coisas; quais?

Os selos são usados para autenticar documentos legais. Devem portar o **NOME, o TTIRE** e o **TERRITÓRIO** sobre o qual se exercita.

20. Identifique o selo de Deus, sua lei.

Êxodo 20: 3-17

" Em ... .dia é .... (descanso) de ....; o teu Deus .... porque o Senhor .... a terra e os céus ".

Nota: O quarto mandamento é o selo de Deus afixado à sua lei porque contém o nome - " ***O Senhor teu Deus*** ", *o* título do Criador - " ***ele fez*** ", e a extensão da terra - " ***os céus e a terra*** ".

UM SELO DE DEUS NOTÁVEL, UM SELO VISÍVEL.

21. Qual é o sinal (ou selo) do poder redentor e criativo de Deus?

Ezequiel 31:17, Ezequiel 20:12 Apocalipse 4:10

Em ....é o sinal de que Deus é Criador e Redentor.

Nota: O próprio Deus fez o sábado na criação, e Ele mesmo proclamou o sábado como um sinal de Seu poder criador e redentor.

22. Onde está o selo de Deus afixado? *Apocalipse 7: 3*

" .... em seu .... "

Nota: a testa representa o espírito. Servimos a Deus com nosso espírito; (*Romanos 7: 25*) Portanto, quando consentimos em guardar o sábado de Deus, somos selados em nossas mentes, representados por nossas testas.

23. Quando Deus criou o sábado? *Gênesis 2: 1-4*

Quando *" Ele criou o .... E o.............. "*

Nota: Após os primeiros seis dias da criação, Deus fez o sábado no sétimo dia.

24. O que Deus fez o sábado com?

Êxodo 20: 10

Com *" o sétimo*
.... " Que é o sábado.

Nota: Deus escolheu um dia de vinte e 24 horas, o 7º da semana, para torná-lo o sábado. É feito de tempo, e tempo é o que é necessário para desenvolver uma verdadeira amizade com o Senhor. Ele me dá 24 horas por semana do seu tempo precioso para que ele e posso me tornar próximo amigos. Como poderia desprezar tal oferta.

25. O que Deus fez para tornar o sábado especial?

Gênesis 2: 2-3

" Ele tem.... o 7º dia... e Deus tem..... o 7º dia e tem ...... "

Nota: " *Santificar* " significa separar para uso sagrado.

26. Quanto tempo dura a bênção divina última?

1 crônica 17:27

"............. é abençoado por.............. "

27. Para quem Deus fez o sábado?

Marcos 2: 27-28

" O sábado foi feito para .... "

Nota: Alguns dizem que o sábado foi feito apenas para os judeus, e não para os gentios. Jesus disse o contrário. Foi feito para a humanidade, para as pessoas, em todos os lugares, desde o início dos tempos.

28. Que ordem é dada a respeito do sábado?

" Lembre-se do dia de descanso para .... "

Nota: Este mandamento é tão claro que é preciso muito esforço para não entendê-lo. Ele é o único que começa dizendo: " Lembre-se ". Deus sabia que o homem iria esquecer.

O SÁBADO DO NOVO TESTAMENTO

29. Os Dez Mandamentos foram revogados?

Lucas 16:17

Não. *" É mais do que .... e o .... passe que é apenas um .... da lei vem a cair ".*

Nota: *a lei de Deus e seus mandamentos são um e o mesmo; Mateus 5: 17-19 Romain 13: 8-10*

30. Que dia Paulo e Jesus estavam guardando?

" O dia de .... "

31. Como posso ser afetado por saber que Jesus guardava o sábado? *1 Pedro 2:21*

Eu devo seguir .... exemplo.

Nota: Visto que Jesus me deixou um exemplo guardando o sábado, certamente vou querer segui-lo guardando-o também.

32. Os cristãos de origem pagã guardavam o sábado?

Resposta: ....
....

Nota: O versículo 43 diz que esses pagãos, guardando o sábado, também viviam sob a graça.

33. Jesus achou que seus discípulos guardariam o sábado depois de sua ressurreição?

Mateus 24: 20

Sim, ele ordenou que orassem para que sua fuga, durante a destruição de Jerusalém, não acontecesse em um dia de ....

Nota: Quando ele disse isso, Jesus sabia que Jerusalém não seria destruída até (40) quarenta anos depois. Ele, portanto, esperava que seus discípulos orassem para que pudessem guardar o sábado 40 anos após sua morte e ressurreição.

O POVO DE DEUS IDENTIFICOU

34. Como o Apocalipse identifica aqueles que serão salvos?

Apocalipse 14: 12

Como as pessoas que *" ... . o .... de Deus e tem o... .... de Jesus "*

Nota: Isso envolve a observância do sábado, uma vez que é o 4° mandamento.

35. Por que é tão sério quebrar a lei de Deus?

1 João 3: 4 Rom 6: 23

Porque *" em .... É a transgressão da lei e que o e salário do pecado é....... "*

36. A que pecado específico Deus está se referindo em Isaías? *Isaías 58: 1 - 14 " Clama em alta voz, não te detenhas, levanta a tua voz como a trombeta, e proclama as suas iniqüidades ao meu* *povo, os seus pecados à casa de Jacó. Todos os dias eles me procuram, Eles querem saber meus caminhos; Como uma nação que praticou a justiça E não abandonou a lei de seu Deus, Eles me pedem julgamentos de justiça, Eles desejam a aproximação de Deus. - Para que serve o jejum, se você não vê? Para mortificar nossa alma, se você não tem consideração por isso? -Aqui, no dia do seu jejum, você condescende com suas inclinações, e trata com dureza todos os seus mercenários. Eis que você jejua para brigar e para brigar, para golpear perversamente com o punho; Você não jejua como hoje, Para que sua voz seja ouvida no alto. É este o jejum de que tenho prazer, Um dia em que o homem humilha a sua alma? Abaixe a cabeça como um junco, E deite-se sobre saco e cinza, É isso que você chama de jejum, Um dia agradável ao Senhor? Este é o jejum de que me deleito: Afrouxe as cadeias da maldade, Afrouxe os laços da escravidão, Libertou os oprimidos, E que todo tipo de jugo seja quebrado; Reparta o seu pão com aquele que tem fome, e traga para sua casa os pobres que não têm asilo; Se você ver um homem nu, cobre -o, e não voltes as costas de seu companheiro. Então sua luz irromperá como o amanhecer e sua cura surgirá rapidamente; Sua justiça irá adiante de você, e a glória do Senhor irá acompanhá-lo. Então você chamará, e o Senhor responderá; Você gritará e ele dirá: Estou aqui! Se você tirar o jugo do seu meio, Gestos ameaçadores e linguagem abusiva, Se você der seu próprio sustento aos famintos, Se você satisfazer a alma necessitada, Sua luz se levantará nas trevas, E suas trevas. será como meio-dia. O SENHOR sempre será o seu guia; Ele satisfará a sua alma nos lugares secos, e ele dará força aos seus membros; Você será como um jardim regado, como uma fonte cujas águas nunca secam. A sua reconstruirá sobre ruínas antigas, Você levantará fundações antigas; Você será chamado de reparador de brechas, Ele que restaura as estradas, que torna o país habitável. Se tu contiveres os teus pés no sábado, para não fazeres a tua vontade no meu santo dia, se te deleitas no sábado, para santificar o Senhor glorificando-o, e honrá-lo por não seguir os teus caminhos, por não condescender em suas inclinações e em conversas vãs, então você se deleitará no Senhor e eu o levarei às alturas da terra; Eu farei você desfrutar da herança de Jacó, seu pai; Pois a boca do Senhor falou "*

O POVO NÃO RESPEITOU O SÁBADO.

Nota: Deus chama a transgressão do sábado de pecado. Nos dias de Isaías, as pessoas pisotearam este mandamento. Os homens hoje estão fazendo o mesmo. A ordem de Deus é " clamar em voz alta " e explicar o sábado a eles. Jesus, o Bom Pastor, sabe que as suas ovelhas o seguirão com alegria guardando o sábado quando entenderem, porque amam o seu Mestre e querem agradá-lo.

37. Que dia os eleitos observarão na nova terra?

Isaías 66: 22-23

Em ....

38. Por que razão obedecerei a Deus?

João 14; 15

Porque eu amo meu ....

39. O que devo fazer para adorar a Deus como Criador?

Êxodo 20: 8-11

" Lembre-se do dia de .... para ...., porque em 6 dias o Senhor fez o .... e o...... ".

Nota: Deus ordena que eu guarde o sábado como prova de que o aceito e adoro como o Criador.

40. Por que a guarda do sábado deve ser uma fonte de alegria?

Porque é o dia de ....

Nota: Lembre - se! Jesus participou da criação de tudo em colaboração com seu pai. (*João 1: 1-3, 10, 14; Hebreus 1: 1-2; Efésios 3: 9; Colossenses 1: 13-17*). É claro que isso inclui o sábado. O sábado dá alegria aos cristãos porque está focado em Deus. É **SEU DIA.** Representa seu poder de criar, seu amor, seu poder de salvar do pecado e de seus milagres. E, mais agradavelmente, YAHWEH Santo Deus separou este dia para estar conosco e nos ajudar a nos tornarmos como Ele. No Éden, Deus deu ao homem duas instituições, para que ele pudesse ser totalmente feliz - o casamento e o sábado. Deus certamente se entristece ao ver que tantas pessoas hoje freqüentemente ignoram e subestimam esses dois dons e, por causa disso, vivem vidas de miséria e miséria.

41. Em *calça jeans 14: 15,* Jesus disse: " *Se você me ama, guardareis os meus mandamentos* ". **Você ama Jesus o suficiente para guardar todos os seus mandamentos sem demora?**

Resposta: ....

PRINCIPAIS RISCOS " 666 " DE DERROTADORES DO SÁBADO DE DEUS

As igrejas populares ficam envergonhadas porque, como vimos anteriormente. Praticamente todas as igrejas admitir em seus oficiais documentos, não há nenhuma mensagem nas escrituras para a santidade do domingo. **Daí prov i no dr é então a origem do culto dominical globalmente aceite na adoração?** Da Roma pagã. Ela ligou no 1º dia da semana, domingo. Traduzido para o inglês por SUNDAY, que significa literalmente o dia do sol. **Existe uma relação direta entre o culto solar originado em Roma e o domingo?**

O " Dies Solis " que significa " deus do sol ", que Roma adorava antes de sua mudança para o culto católico em sua forma atual, **como ele se tornou a divindade oficial da Igreja de Roma?** Outrora o santuário da Itália, construído nesta cidade, o impacto na continuação dos mandamentos de Deus, em particular o do sábado, levou à profanação do SÁBADO DE DEUS! Fazendo assim o " deus Sol ' ', o " deus " do império sob o reinado de seu imperador Constantino. Tomando oficialmente esta sede na cidade do VATICANO em 538 segundo várias fontes históricas, com a solenidade de adoração no DOMINGO. Domingo é melhor traduzido pelo Anglicismo DOMINGO que significa "DIA do SOL", que se opõe ao SÁBADO de SÁBADO. Obviamente na origem do pretexto para a nova doutrina, Roma evocou o domingo como o dia em que o Senhor foi ressuscitado, e conferiu a solenidade do domingo de origem romana, a uma vontade divina, uma vez que o casamento satânico entre as doutrinas pagãs e do supostas semelhanças entre a ressurreição de Jesus no domingo. No entanto, a vontade perfeita de Deus que não sofre de nenhuma ambigüidade nas tábuas da Aliança, os Dez Mandamentos bem declara: " *Lembra-te do dia de descanso, para o santificar.* " *Lembrem-se* " é dito como se Deus evocasse uma certa lembrança aos Homens, sabendo que todos iam a meio mastro deste mandamento, que também é qualificado como um sinal entre Deus e seu povo. Em resumo, dizemos que a profanação do único dia eternamente sagrado que é o SÁBADO de SÁBADO, não é apenas uma vontade doentia de desafiar a Deus através dos dez mandamentos como Roma sabe fazer bem, mas que é a explicação certa de a aplicação do sinal da Besta na mão, como consequência da perdição eterna das almas, por ter perseguido interesses mercantis, em vez do DEUS VIVO. A Bíblia avisa que todos os habitantes do mundo vão levar este "666". *Apocalipse (Ver os três temas abordados dedicando-lhe o tema '' 666 '' desta série, ou seja, os Temas N ° 4, 5 e 6 da presente coleção '' Que Aquele Que Lê Preste Atenção! '')*

a) O Grande Sinal da Besta, o (666) revelado.

b) Como os Homens já receberam o (666) Sinal da Besta na Testa?

A observância do domingo como dia de sábado para substituir o sábado não estaria relacionada à marca de " 666 " na mão? Ezequiel 20: 10-12

" E eu os tirei da terra do Egito e os trouxe para o deserto. Dei-lhes Minhas leis e tornei-lhes conhecidas Minhas ordenanças, que o homem deve colocar em prática para viver de acordo com elas. Também lhes dei meus sábados como um sinal entre mim e eles, para que soubessem que eu sou o Senhor que os santifica. "

Nota: Resumimos dizendo que a marca do selo invisível de Deus é o Espírito Santo dado aos cristãos pelo batismo em nome de Jesus Cristo por imersão nas águas. Quanto ao seu selo visível e seu poder distintivo, é o santo sábado e sua observância. Enquanto a marca ou sinal do poder da Besta em questões religiosas é o domingo e sua observação. Fontes católicas e romanas, numerosas demais para serem citadas aqui, testemunham essa mudança.

SENTENÇA DE DEUS CONTRA OS ADORADORES DO SINAL DA BESTA `` 666 ", TOMADA NA MÃO PELA PROFANAÇÃO DO SÁBADO, CONTRA A OBSERVAÇÃO DO `` DOMINGO "

O sol, que foi deificado por milênios, também será o elemento pelo qual cairá a sentença para a destruição dos homens no julgamento final de Deus, no fim do mundo. Maio homens entender muito bem os riscos de seus atos que erroneamente consideram inofensivo!

NB: No restante deste estudo bíblico, vamos ver como ele vai em breve OT impôs a marca da besta " 666 " na mão, por esquecimento e falha t para observar o quarto mandamento do sábado de Deus dada a Moisés.

QUARTO MANDAMENTO

“ Lembre-se do dia de descanso, para santificá-lo. Você trabalhará seis dias e fará todo o seu trabalho. Mas o sétimo dia é o dia do descanso do Senhor teu Deus: não farás nenhum trabalho, nem tu, nem teu filho, nem tua filha, nem teu servo, nem tua serva, nem teu gado, nem o estrangeiro. quem está em suas portas. Porque em seis dias o Senhor fez os céus e a terra, e o mar, e tudo o que neles há, e descansou no sétimo dia; por isso o Senhor abençoou o dia de descanso e o santificou. ”

IMPORTÂNCIA DO SÁBADO

42. Quais eram os benefícios de guardar os sábados no passado? Êxodo 16: 23-29

" E Moisés lhes disse: Isto é o que o Senhor ordenou. Amanhã é o dia de descanso, o sábado consagrado ao Senhor; cozinhe o que tiver que cozinhar, ferva o que tem para ferver e reserve até de manhã tudo o que resta. Eles o deixaram até a manhã, como Moisés havia ordenado; e não cheirou mal, nem fez quaisquer vermes situado. Moisés disse Mangez - lo hoje, porque é o sábado; hoje você não encontrará nenhum no campo. Por seis dias você irá coletá-lo; mas no sétimo dia, que é o sábado, não haverá nenhum. No sétimo dia, algumas pessoas saíram para recolhê-lo e não encontraram nada. Então o Senhor disse a Moisés: Por quanto tempo você se recusará a guardar meus mandamentos e minhas leis? Veja se o Senhor lhe deu o sábado; portanto, ele lhe dá comida por dois dias no sexto dia. Que cada um fique em seu lugar e ninguém saia de seu lugar no sétimo dia. E o povo descansou no sétimo dia. " Êxodo 16: 4-5 " *E o Senhor disse a Moisés: Eis que eu farei chover pão*

para ti do céu. O povo sairá e colherá a quantidade necessária dia a dia, para que eu os experimente e veja se andam ou não de acordo com a minha lei. No sexto dia, quando preparar o que eles trouxeram, não será o dobro do que eles coletam dia a dia. "

43. Quem guardou o sábado primeiro? Êxodo 20: 8 - 11

" Lembre-se do dia de descanso, para santificá-lo. Você trabalhará seis dias e fará todo o seu trabalho. Mas o sétimo dia é o dia de descanso do Senhor teu Deus; não farás nenhum trabalho, nem tu, nem o teu filho, nem a tua filha, nem o teu servo, nem o teu, nem o teu gado, nem o estrangeiro que está à tua porta. Porque em seis dias o Senhor fez os céus e a terra, e o mar, e tudo o que neles há, e descansou no sétimo dia; por isso o Senhor abençoou o dia de descanso e o santificou. "

44. Qual foi a punição das pessoas no passado por se recusarem a guardar os sábados? Levítico 26:34 - 37

" Então a terra desfrutará de seus sábados enquanto estiver deserta e você estiver na terra de seus inimigos; então a terra descansará e desfrutará de seus sábados. Enquanto ele estiver arrasado, ele terá o descanso que ele não teve em seus sábados enquanto você habitava nele. Farei com que os corações daqueles que sobrevivem, nos países de seus inimigos, fiquem tímidos; o som de uma folha agitada os perseguirá; eles fugirão como alguém foge da espada e cairão sem serem perseguidos. Eles cairão um sobre o outro como diante da espada, sem serem perseguidos. Você não existirá na presença de seus inimigos "

45. Deus permitiu que seu povo reconhecesse seu dia de descansar, e da comunhão com Ele exclusivamente? Êxodo 16: 4-5

" O Senhor disse a Moisés: Eis que vos farei chover pão para você a partir do céu. O povo sairá e colherá a quantidade necessária dia a dia, para que eu os experimente e veja se andam ou não de acordo com a minha lei. No sexto dia, quando preparar o que eles trouxeram, não será o dobro do que eles coletam dia a dia. "

46. Quantos anos durou a graça salvadora de guardar o sábado sagrado pelo povo israelita no deserto? Josué 5: 6

" Pois os filhos de Israel haviam caminhado quarenta anos no deserto. "

47. Na época de Ezequiel, qual era a preocupação de Deus? Ezequiel 22: 26

" Seus sacerdotes violam minha lei e profanam meus santuários, eles não distinguem o que é santo do que é profano, eles não fazem a diferença entre o que é impuro e o que é puro, eles desviam o olhar dos meus sábados, e eu sou profanado entre eles. "

Nota: Isso ainda acontece hoje. Vários líderes da igreja dizem: " *Não há diferença entre o sábado e o domingo* ". *Mas, Deus sempre repete:* " *Vocês desprezam os meus santuários, profanam os meus sábados* " *(* Ezequiel 22: 8*)*

48. O que Deus diz sobre as tentativas de mudar sua lei? Deuteronômio 4: 2

" *Você não acrescentará nada ao que eu lhe ordeno e não receberá nada disso; mas guardarás os mandamentos do Senhor teu Deus, como eu te mando.* "

Nota: As igrejas populares ficam constrangidas porque, como vimos anteriormente, virtualmente todas as igrejas admitem em seus textos oficiais que não há mensagem nas escrituras a favor da santidade dominical.

49. Onde é que a origem do culto dominical vêm de?

Nota: Da Roma pagã. Ela ligou no 1º dia da semana, domingo. Traduzido para o inglês por SUNDAY, que significa literalmente o dia do sol.

SENTENÇA DE DEUS CONTRA OS ADORADORES DO SINAL DA BESTA `` 666 ", TOMADA NA MÃO PELA DESFANAÇÃO DO SÁBADO SANTO DE SÁBADO, CONTRA A OBSERVAÇÃO DE `` DOMINGO "

CONSEQÜÊNCIA DO ABANDONO DO SÁBADO SANTO DE DEUS E DA ADORAÇÃO DO SOL DOS MILÊNIOS DURANTE

50. O "Dies Solis". O `` deus do sol " que Roma incitou toda a terra a adorar, isso seria sem consequências? 2 Pedro 3: 10-14

" O dia do Senhor virá como um ladrão; neste dia os céus passarão com um estrondo, os elementos ígneos se dissolverão "

Nota: O sol, que foi deificado por milênios, também será o elemento pelo qual a sentença para a destruição dos Homens cairá no julgamento final de Deus, no fim do mundo. Maio homens entender muito bem os riscos de seus atos que erroneamente consideram inofensivo!

51. Nesse sentido, que papel o " sol " terá na volta de Jesus no fim do mundo? 2 Pedro 3: 10-14

" E a terra com as obras que contém será consumida. Visto que, portanto, todas essas coisas devem ser dissolvidas, que santidade de sua conduta e sua piedade não deve ser, enquanto você espera e apressa a vinda do dia de Deus, por causa do qual os céus de fogo serão dissolvidos e os elementos de fogo serão dissolvidos? vai derreter! Mas estamos esperando, de acordo com sua promessa, por novos céus e uma nova terra, onde habitará a justiça. Portanto, amados, enquanto esperam por essas coisas, apliquem-se para serem encontrados por ele imaculados e irrepreensíveis em paz. "

52. Este mesmo " sol " tão adorado aos domingos por séculos, para que será

usado após a segunda ressurreição dos pecadores? Apocalipse 20: 9-10
" E eles subiram à face da Terra e ocuparam o acampamento dos santos e a cidade amada. Mas um fogo desceu do céu e os devorou. E o diabo, que os enganava, foi lançado no lago de fogo e enxofre, onde estão a besta e o falso profeta. E eles serão atormentados dia e noite, para todo o sempre. "

CONCLUSÃO

Xodus 63: 7-19 " *Vou declarar as graças do Senhor, louvai o Senhor, conforme tudo o que o Senhor tem feito por nós; eu vou falar de sua grande bondade para com a casa de Israel, a quem ele tem tratado de acordo para suas paixões e a riqueza de seu amor. Ele havia dito: Eles certamente são meu povo, Filhos que não serão infiéis! E ele foi um salvador para eles. Em toda a sua angústia, eles não estavam desamparados, e o anjo que está diante sua face os salvou; Ele mesmo os leu redimidos, em seu amor e misericórdia, E constantemente os sustentou e carregou, nos velhos tempos. Mas eles eram rebeldes, entristeceram seu espírito santo; E ele se tornou seu inimigo, ele lutou contra.-los Então o seu povo se lembrou dos velhos tempos de Moisés: Onde está aquele que os fez subir do mar, com o? pastor do seu rebanho Onde está aquele que pôs o santo espírito entre eles; que liderou a mão direita de Moisés, Por seu braço glorioso; Que dividiu as águas diante deles, para fazer para si um nome eterno; Quem conduziu-os através dos lotes f, como um cavalo nos dados ert, eles não devem tropeçar? Como a besta que desce ao vale, o Espírito do Senhor os trouxe para descansar. Foi assim que você liderou o seu povo, para se tornar um nome glorioso. Olhar do céu, e vê, desde a tua santa e gloriosa habitação lugar: Onde está o teu zelo e as tuas forças? O estremecimento de suas entranhas e suas misericórdias não são mais sentidas por mim. No entanto, tu és nosso pai, porque Abraão não nos conhece, e Israel não sabe quem nós somos; É você, Eterno, que é nosso pai, Quem, desde a eternidade, o chamou de nosso salvador. Por que, ó Senhor, tu nos levar a err nos teus caminhos, e endurecer nossos corações contra o teu medo? Volta, por amor dos teus servos, das tribos da tua herança! Seu povo santo possuiu a terra por pouco tempo; Nossos em Nemis pisaram em teu santuário. Por muito tempo temos sido como um povo que você não governa, e que não chama pelo seu nome..."*

RESUMO

7. *Por que Deus nos pede para conhecer o sinal da Besta? Apocalipse 13: 15-18*

8. *Quem está dando este aviso? Apocalipse 3:19*

9. Por que Deus pede aos anjos para conter os ventos da destruição final? Apocalipse 7: 1-3

COMO OS HOMENS JÁ TOMARAM O 665 NA FRENTE.

10. *O 666 é anunciado nas epístolas? 1 par de jeans 2:18 - 20*

COMO É O SINAL DE RECONHECIMENTO DOUTRINAL DE 666 INDICADO NA MÃO

11. Qual é então o sinal da besta marcado na mão?

VAMOS ESCUTAR O QUE O VATICANO DIZ SOBRE SI MESMO:

12. Existe alguma outra evidência dessa mudança?

13. O chefe da Igreja Católica mudou o 4º mandamento? *Daniel 7:25*

14. No tempo de Ezequiel, qual era a preocupação de Deus? *Ezequiel 22: 26*

15. O que Deus diz sobre as tentativas de mudar sua lei? *Deuteronômio 4: 2*

COMO A MARCA É RECEBIDA NA MÃO
O SELO DE DEUS PROTEJA:

16. Por que Deus está atrasando a destruição final?
17. Até quando deve ir a proclamação da mensagem divina sobre seu selo? *Apocalipse 14: 6*
18. Como a escrita usa simbolicamente o selo?

O SELO DE UM GOVERNO

19. Identifique o selo de Deus, sua lei.

UM SELO DE DEUS NOTÁVEL, UM SELO VISÍVEL.

20. Qual é o sinal (ou selo) do poder redentor e criativo de Deus?

O SÁBADO SANTO DE DEUS

21. Quando Deus criou o sábado? *Gênesis 2: 1-4*
22. O que Deus fez o sábado com? *Êxodo 20: 10*
23. O que Deus fez para tornar o sábado especial? *Gênesis 2: 2-3*
24. Que Deus fez o sábado para? *Marcos 2: 27-28*
25. Que ordem é dada a respeito do sábado?

O SÁBADO DO NOVO TESTAMENTO

26. Os Dez Mandamentos foram revogados? *Lucas 16:17*
27. Que dia Paulo e Jesus estavam guardando?
28. Como posso ser afetado por saber que Jesus guardou o sábado? *1 Pedro 2:21*
29. Os cristãos de origem pagã guardavam o sábado?

Resposta:

30. *Jesus achava que seus discípulos guardariam o sábado após sua ressurreição? Mateus 24: 20*

O POVO DE DEUS IDENTIFICOU

31. Como o Apocalipse identifica aqueles que serão salvos? *Apocalipse 14: 12*
32. Por que é tão sério quebrar a lei de Deus? *1 João 3: 4 Rom 6: 23*
33. A que pecado específico Deus está se referindo em Isaías? *Isaías 58: 1, 13*
34. Que dia os eleitos observarão na nova terra? *Isaías 66: 22-23*
35. Por que vou obedecer a Deus? *João 14; 15*
36. O que devo fazer para adorar a Deus como o Criador? *Êxodo 20: 8-11*

37.Por que a guarda do sábado deve ser uma fonte de alegria?
38.Você ama Jesus o suficiente para guardar todos os seus mandamentos sem demora?

Resposta: ....
....

PRINCIPAIS RISCOS " 666 " DE DERROTADORES DO SÁBADO DE DEUS

SENTENÇA DE DEUS CONTRA OS ADORADORES DO SINAL DA BESTA `` 666 ' ', TOMADA NA MÃO PELA PROFANAÇÃO DO SÁBADO, CONTRA A OBSERVAÇÃO DO `` DOMINGO "

QUARTO MANDAMENTO

IMPORTÂNCIA DO SÁBADO

39.*Quais foram os benefícios de guardar os sábados no passado?* Êxodo 16: 23-29
40.*Quem observou o sábado primeiro?* Êxodo 20: 8 - 11
41.*Qual foi a punição das pessoas no passado por se recusarem a guardar os sábados?* Levítico 26:34 - 37
42.*Deus permitiu que seu povo reconhecesse seu dia de descanso e de*

comunhão exclusivamente com ele? Êxodo 16: 4-5

43. *Quantos anos a graça salvadora de guardar o sábado sagrado durou para o povo israelita no deserto?* Josué 5: 6

44. No tempo de Ezequiel, qual era a preocupação de Deus? Ezequiel 22: 26

45. O que Deus diz sobre as tentativas de mudar sua lei? Deuteronômio 4: 2

Onde é que a origem do culto dominical vêm de?

SENTENÇA DE DEUS CONTRA OS ADORADORES DO SINAL DA BESTA `` 666 '', TOMADA NA MÃO PELA DESFANAÇÃO DO SÁBADO SANTO DE SÁBADO, CONTRA A OBSERVAÇÃO DE `` DOMINGO ''

CONSEQÜÊNCIA DO ABANDONO DO SÁBADO SANTO DE DEUS E DA ADORAÇÃO DO SOL DOS MILÊNIOS DURANTE

46. *O '' Dies Solis ''. O `` deus do sol '' que Roma incitou toda a terra a adorar, isso seria sem consequências?* 2 Pedro 3: 10-14

47. A esse respeito, qual será o papel do " sol " quando Jesus voltar no fim do mundo? *2 Pedro 3: 10-14*

48. Esse mesmo " sol " tão adorado aos domingos por séculos, para que será usado após a segunda ressurreição dos pecadores? *Apocalipse 20: 9-10*

CONCLUSÃO

NA MESMA COLEÇÃO DE ESTUDOS BÍBLICOS

NA MESMA COLEÇÃO DE ESTUDOS BÍBLICOS:

1. A PROFECIA MAIS LONGA DA BÍBLIA; TÍTULO I, O BATISMO DE JESUS CRISTO, O ANUNCTION do Santo dos Santos.
2. A PROFECIA MAIS LONGA DA BÍBLIA; TÍTULO II, A PURIFICAÇÃO DO SANTUÁRIO, SATANÁS É CAÇA PARA FORA DO CÉU.
3. O FIM DO MUNDO NA BÍBLIA E NO SINAL DA BESTA, O " 666 ".
4. O GRANDE SINAL DA BESTA, O (666) REVELADO.
5. COMO OS HOMENS JÁ TOMARAM O SINAL (666) DA BESTA NA FRENTE?
6. COMO OS HOMENS JÁ TOMARAM (666) O SINAL DE BESTA NA MÃO?
7. os dez mandamentos DE DEUS E SALVAÇÃO EM JESUS CRISTO.
8. OS TEMPOS, O PECADO DE JUDAS NA IGREJA CONTEMPORÂNEA APOSTASIADA.

9. QUAIS SÃO OS OUTROS SINAIS DA BESTA?
10. O FUNCIONAMENTO DA IGREJA APÓSTATA.
11. PARAÍSO E ESPERANÇA CRISTÃ.
12. A IGREJA, OS CRISTÃOS.
13. QUEM É O VERDADEIRO DEUS?
14. HÁ UM DEUS!
15. EXISTE UM SENHOR!
16. HÁ UM ESPÍRITO!
17. EXISTE APENAS UMA FÉ!
18. HÁ UMA ESPERANÇA!
19. HÁ UM CORPO!
20. EXISTE APENAS UM BATISMO!
21. O SELO DE DEUS NO APOCALIPSE.
22. O SELO DO DIABO NO APOCALIPSE.
23. O DIA QUANDO DO VATICANO, a grande prostituta, a mãe do necessário será DESTRUÍDO.
24. ESTÁ AQUI A GRANDE sinal do fim dos tempos, E DO RETORNO DE JESUS CRISTO.

25. O MOVIMENTO ISLÂMICO DESCRITO NO LIVRO DO APOCALIPSE.
26. A ÚLTIMA igreja, a 144.000, O RETORNO DO SENHOR JESUS CRISTO, e na eternidade.
27. VIGÉSIMA SÉTIMA ESCRITA: O TESTEMUNHO! VIDA E TESTEMUNHOS CRISTÃOS!

Conteúdo

Printed by Books on Demand GmbH, Norderstedt / Germany